FRANCISCO FAUS

A ARTE DE DECIDIR BEM

A VIRTUDE DA PRUDÊNCIA

2ª edição

@editoraquadrante
@editoraquadrante
@quadranteeditora
Quadrante

QUADRANTE

São Paulo
2023

Copyright © do Autor, 2017

Capa
Provazi Design

Dados Internacionais de Catalogação na Publicação (CIP)

Faus, Francisco
 A arte de decidir bem: a virtude da prudência / Francisco Faus — 2ª ed. — São Paulo: Quadrante, 2023.

 ISBN: 978-85-7465-543-7

 1. Virtudes - Prudência 2. Cristianismo I. Título

CDD-179.9

Índice para catálogo sistemático:

1. Prudência : Cristianismo 179.9

Todos os direitos reservados a
QUADRANTE EDITORA
Rua Bernardo da Veiga, 47 - Tel.: 3873-2270
CEP 01252-020 - São Paulo - SP
www.quadrante.com.br / atendimento@quadrante.com.br

SUMÁRIO

I
PRUDÊNCIA: O QUE É, E O QUE
NÃO É 7

II
PRIMEIRO, A REFLEXÃO 17

III
SEGUNDO PASSO: O JUÍZO MORAL 27

IV
AINDA SOBRE O JUÍZO
DA CONSCIÊNCIA 37

V
O JUÍZO SOBRE OS MEIOS 49

VI
OS MEIOS MAIS NECESSÁRIOS 65

VII
  TERCEIRO PASSO: A DECISÃO.............. 83

VIII
  QUARTO E ÚLTIMO PASSO:
  A REALIZAÇÃO... 99

IX
  A MAIS ALTA PRUDÊNCIA 113

O coração prudente possuirá a ciência.

(Provérbios 18, 15)

*No coração do prudente repousa
a sabedoria.*

(Provérbios 14, 33)

I
PRUDÊNCIA:
O QUE É, E O QUE NÃO É

O que não é

Muitas pessoas têm uma visão míope: reduzem a prudência à simples «cautela». O cuidado para evitar um mal — a cautela — é algumas vezes um aspecto da virtude da prudência; mas muitas outras vezes é exatamente o oposto dessa virtude.

Repare que as duas principais palavras que expressam a cautela são negativas: «cuidado» e «não».

- «Tome cuidado ao atravessar a rua.»
- «Não saia sozinha à noite.»

- «Não confie nesse seu sócio.»
- «Não se arrisque a comprar uma moto.»
- «Não exagere nas doações e caridades, que eles acabam abusando.»
- «Cuidado com o que posta no Facebook.»
- «Cuidado, que, com tantas idas à igreja, você vai virar carola.»

Nessa sinfonia cacofônica de «cuidado» e «não», algumas frases merecem o nome de prudência, mas outras não. Ora, repare que nem uma só delas, nem todas em conjunto, são capazes de nos oferecer um *ideal de vida*. Não apontam para nenhuma realização, nenhuma conquista, nenhuma melhora, nenhuma perfeição.

Ninguém se realiza na base de medos e cautelas. Por isso, o *Catecismo da Igreja Católica* afirma que a virtude da prudência «não se confunde com a timidez ou o medo» (n. 1806).

Então, o que é?

Veja como é clara a definição de prudência que nos dá o *Catecismo*: «A prudência é a virtude que dispõe a *razão prática* a *discernir*, em qualquer circunstância, o nosso *verdadeiro bem* e a escolher os *meios* adequados para realizá-lo» (n. 1806).

Grave bem essas palavras, que nos deverão ilustrar ao longo deste livro. E não perca de vista que a prudência visa principalmente *realizações* práticas, «a realização do verdadeiro bem».

Para já, convém compreender bem cada um dos termos da definição:

• Ela começa dizendo que a prudência é uma virtude que tem como base a *razão prática*, não o raciocínio puramente teórico. A prudência, com efeito, visa à realização de ações sobre as quais temos que pensar e decidir, não à resolução de teoremas.

- É uma virtude que leva a *discernir*, ou seja, a conhecer e distinguir claramente — limpando confusões mentais — qual é a ação certa que se deve praticar.

- Mas o discernimento da prudência tem um norte: o nosso *verdadeiro bem*, pois — como veremos adiante — pode haver objetivos errados e bens enganadores. Refere-se, portanto, ao bem *moralmente objetivo*. Um bem que tanto pode consistir na boa ação de ajudar uma velhinha a atravessar a rua, como no bom encaminhamento de um empreendimento comercial ou de uma entidade religiosa.

Se não procurássemos o bem moral objetivo, a prudência ficaria perdida num mato fechado onde o bem e o mal seriam indistinguíveis; seria como aquela *selva escura* em que Dante se extraviara, porque *la diritta via era smarrita*, porque tinha perdido o caminho reto[1].

---

(1) Dante Alighieri, *Divina Comédia*, Inferno, I, 3.

• Uma vez discernido o verdadeiro bem, chega o momento, então, de escolher os *meios adequados* para realizá-lo. Como a prudência é prática, a pessoa, depois de dizer «*Quero* fazer isso», pergunta-se «*Como* vou fazê-lo?».

• Finalmente, com os meios bem escolhidos, é hora de *decidir-se* a agir, a fazer.

Em pouquíssimas palavras, São Tomás de Aquino, inspirando-se em Aristóteles, resume tudo isso dizendo: «A prudência é a *regra certa* da *ação*»[2].

É a primeira das virtudes?

Os pensadores clássicos pagãos e cristãos dão à prudência uma precedência sobre as outras virtudes morais (justiça, fortaleza, temperança...). Não dizem que

---

(2) São Tomás de Aquino, *Suma Teológica*, II-II, q. 47, a. 2, s.c.

seja a «maior» das virtudes. A maior virtude humana é a justiça; e a maior de todas as virtudes, em seu conjunto, é a virtude teologal da caridade: *Se não tiver caridade, não sou nada* (1 Cor 13, 2).

Contudo, diz-se que a prudência tem precedência sobre todas as outras virtudes neste sentido: é a «moderadora» de todas elas. Guia, orienta as outras virtudes para o seu próprio fim, ajudando-as a manter-se no ponto certo, no «ponto médio» do equilíbrio moral, evitando assim que descambem para a insuficiência ou para o exagero. Por isso São Tomás a chama «a mãe das virtudes»[3].

A expressão «ponto médio» é correta, mas perigosa, pois pode levar a confundir equilíbrio com mediocridade. Os comentaristas cristãos, para evitar essa distorção, recorrem a uma imagem expressiva: o ponto médio moral é um cume que se

---

(3) «*Genitrix virtutum*»: São Tomás de Aquino, *Scriptum super Sententiis*, III, d. 33, q. 2, a. 5, co.

eleva entre dois abismos. Por exemplo, a coragem — que como todas as virtudes deve aspirar à perfeição máxima — é um cume entre os abismos da covardia e da temeridade insensata.

A ética tradicional define essa função diretiva da prudência dizendo que ela é *auriga virtutum*, literalmente, condutora (*auriga*, em latim) do carro das virtudes.

Talvez você se lembre das corridas de *quadrigas* (quatro cavalos) ou de *bigas* (dois cavalos) que aparecem no filme *Ben-Hur*. Enquanto o *auriga* tem domínio das rédeas, o carro avança velozmente pela pista certa, e pode chegar em primeiro lugar. Mas, se o condutor solta as rédeas ou puxa por elas desajeitadamente, por melhores que sejam os cavalos, o desastre é inevitável. A mesma coisa acontece com as virtudes que não têm as rédeas nas mãos da prudência.

Com seu toque poético, Paul Claudel dizia: «A prudência está no Norte da minha alma, como a proa inteligente, que conduz todo o navio»[4].

Os quatro atos da prudência

Quando explicamos os termos da definição que o *Catecismo* nos dá para essa virtude, seguimos o ensinamento de São Tomás de Aquino[5], que distinguia quatro atos da prudência:

1. A reflexão;

2. O juízo (julgamento de valor e julgamentos práticos);

3. A decisão;

4. A realização.

Como escreve Josef Pieper, glosando São Tomás, a prudência não consiste

---

(4) Paul Claudel, *Cinq grandes odes*, n. 5: *La maison fermée*, Nouvelle Revue Française, Paris, 1913, p. 169.

(5) São Tomás de Aquino, *Suma Teológica*, II-II, q. 47-56.

apenas no conhecimento objetivo do «verdadeiro bem» numa determinada situação. Trata-se de um conhecimento que logo «se transforma numa *decisão* prudente, decisão que por sua vez conduz à *realização*»[6].

Esses são os passos da virtude da prudência, sobre os quais vamos meditar nos próximos capítulos.

---

(6) Num livro importante sobre as virtudes: Josef Pieper, *As virtudes fundamentais*, Aster, Lisboa, 1960, pp. 21-22.

II
PRIMEIRO, A REFLEXÃO

O húmus da reflexão

Num bom húmus, a planta vinga e cresce. A prudência também precisa de uma boa terra para realizar bem seu primeiro ato: a *reflexão*. Uma reflexão que, na vida prática, umas vezes pode ser feita em questão de segundos, e que outras vezes exigirá bastante tempo e talvez algumas consultas.

Pensar não é fácil. Romano Guardini, falando do «homem disperso» dos nossos dias, escreve:

> Sempre anda ocupado em alguma coisa. Quando não existe algum

objetivo que o impressione, algum estímulo que o empurre ou algum incentivo que o acorde, toda a sua atividade se desvanece e apenas existe nele um surpreendente vazio[1].

É preciso *aprender a pensar*, a utilizar a «razão prática», aquele raciocínio que esclarece os problemas e equaciona as situações da vida, tanto da nossa vida interior quanto da nossa vida exterior.

É claro que isso exige fazer o esforço sincero de vencer os «inimigos da reflexão».

Os inimigos da reflexão

A preguiça de pensar. Custa vencer a dificuldade de pensar nos problemas, nos deveres e projetos, com interesse e aplicação, especialmente quando se trata do projeto familiar, dos problemas dos

---

(1) Romano Guardini, *Introdução à oração*, Aster, Lisboa, 1961, pp. 27-28.

filhos, da perfeita realização do trabalho ou do nosso amadurecimento espiritual. Não achamos tempo para refletir. Umas vezes por cansaço, outras porque é complicado, outras por mau humor, e sempre por preguiça.

A afobação da urgência. A ansiedade, a aflição por definir ou resolver algum assunto urgente facilmente encampa o raciocínio, que deveria ser sereno e não precipitado. Certo que há emergências que aparecem de surpresa, e só deixam uns minutos para rezar e decidir. Mas muitas outras vezes a urgência que nos rouba a reflexão é fruto de adiamentos indevidos ou de faltas de previsão ou de ordem, que deveríamos corrigir.

O preconceito e a teimosia. Em empresas familiares, em entidades educativas tradicionais e em outras iniciativas, já aconteceu mais de uma vez que aquele que iniciou o empreendimento fique preso àquilo que, muitos anos atrás, o levou ao sucesso. Vai passando o tempo e não se dá conta de que as circunstâncias, o mercado, o sistema empresarial, a cultura etc., mudaram. Os filhos, os «jovens sucessores», querem renovar o empreendimento, mas o «velho» se agarra a seus pré-conceitos. Com essa obstinada teimosia, o barco ameaça encalhar.

A vaidade presunçosa. Há quem idolatre a si mesmo de tal modo que não é capaz de valorizar nem de ouvir ninguém: nem na família, nem no trabalho. Fala «pontificando», impõe as coisas sem diálogo, desvaloriza o parecer dos demais. Assim se dispensa de refletir e deixa de se enriquecer com as ponderações valiosas dos outros.

Os amigos da reflexão

Há uma série de hábitos bons, que — ao contrário dos anteriores — propiciam o exercício da reflexão, esse primeiro passo da virtude da prudência. Trata-se de hábitos de base, que vale a pena cultivar, e que devem ser exercitados com perseverança.

O hábito da leitura. Quanto mais e mais constantemente lemos, mais rico fica o nosso raciocínio. E vice-versa: a falta de leitura empobrece a mente. Refiro-me à leitura de obras de qualidade cultural, tornada hábito diário ou quase: livros clássicos, históricos, romances, biografias, ensaios, crônicas etc. Grande inimigo desse hábito bom é o vício de saltitar pelo mundo da internet, bicando aqui e acolá como um tico-tico por mera curiosidade superficial.

Para um cristão, além da Bíblia, há um tesouro de livros de reflexão teológica, de meditação, de espiritualidade, que dilatam os horizontes do conhecimento de Deus e de nós mesmos e desvendam valores importantes para cada dimensão da vida pessoal e social. Que bom se dedicássemos um tempo diário a essas leituras. Já vi acontecer coisas surpreendentes a executivos de grandes responsabilidades: acharam orientações decisivas não em grandes estudos econômicos, mas na leitura da vida de um santo (um santo que nem sabia o que era uma conta bancária).

A memória. Quem nunca ouviu uma reclamação deste tipo: «Você não se lembrou?»; «Você não sabia que não dava?»; «Sempre cai na mesma!»; «Nunca vai aprender!»? É muito antigo — e muito atual — o ditado que diz: «O homem é o único animal que tropeça duas vezes na mesma pedra». O bom uso da memória pode criar em nós o acervo cada vez mais rico da experiência.

Não me refiro à experiência da pessoa que ficou traumatizada por um fracasso e agora teme qualquer iniciativa, como no outro ditado: «Gato escaldado foge da água fria». Isso é só psicose ou covardia. A memória «reflexiva» sobre os sofrimentos e fracassos é um mestre de obras experiente que orienta a edificação da vida.

A humildade de pedir conselho. É uma disposição importante da pessoa prudente. «No que diz respeito à prudência» — escreve São Tomás — «ninguém se basta a si mesmo»[2]. Quatro olhos dispostos a ver enxergam mais do que dois. Às vezes vamos precisar de mais do que dois pares de olhos. Só o vaidoso autossuficiente acha humilhante pedir conselho a quem o pode dar.

O primeiro passo da prudência — escreveu São Josemaria — é o reconhecimento das nossas limitações: a virtude da humildade. É admitir, em determinadas questões, que não apreendemos tudo, que em muitos casos não podemos abarcar circunstâncias que importa

---

(2) São Tomás de Aquino, *Suma Teológica*, II-II, q. 49, a. 3, ad 3.

não perder de vista à hora de julgar. Por isso nos socorremos de um conselheiro. Não de qualquer um, mas de quem for idôneo [...]. Não basta pedir um parecer; temos que dirigir-nos a quem no-lo possa dar desinteressada e retamente»[3].

O hábito da meditação. Faz-nos muita falta reservar todos os dias um tempo para meditar com calma, em um lugar tranquilo, sobre os assuntos que exigem uma decisão acertada. Podem ser uns dez minutos de manhã cedo, acordando talvez um pouco antes do habitual; ou à noite, antes de nos retirarmos para dormir, ou em outro momento oportuno. O silêncio, o esforço de pôr as ideias e os planos em ordem, o exercício de anotar os dados ordenadamente, para pensar melhor sobre eles, o exame de acertos e erros do dia, são

---

(3) Josemaria Escrivá, *Amigos de Deus*, 3ª ed., Quadrante, São Paulo, 2014, n. 86.

premissas de uma reflexão objetiva e uma decisão lúcida.

Refletir sob a luz de Deus. Para um cristão, esta deveria ser a reflexão mais importante. Vem ao pensamento o belo versículo do Salmo 36, 10: *É na vossa luz que vemos a luz*. Trata-se disso: de pedir luz a Deus — a luz do Espírito Santo, «luz dos corações» —; de examinar o que devemos resolver sob o resplendor da verdade de Deus, da sua palavra, dos seus mandamentos, acolhidos num coração sincero. Trata-se, sobretudo, de ter bem gravada na alma a imagem de Cristo, do seu exemplo e dos seus ensinamentos, para fazer deles *luz da vida* (Jo 8, 12). Voltaremos a isso no último capítulo.

Com estas considerações sobre a reflexão, já estamos lançando um cabo para os próximos capítulos.

III
SEGUNDO PASSO: O JUÍZO MORAL

O juízo da consciência

Navegamos bem pela vida quando a nossa alma — como diz o verso antes citado de Claudel — é norteada pela prudência. Mas já vimos que a prudência só é virtude se sabe «discernir o nosso verdadeiro bem» (cf. *Catecismo*, n. 1806).

Ora, quem vai nos dizer qual é o nosso «verdadeiro bem»? Quem deve julgar sobre a qualidade moral — boa ou má — das nossas ações?

A resposta é: *a consciência*.

O *Catecismo* fala assim da relação entre a prudência e a consciência (*ibidem*): «É a prudência que guia imediatamente o juízo da consciência. O homem prudente decide e ordena a sua conduta segundo este juízo».

Estamos perante um ponto delicado e muito importante da virtude da prudência.

Para não nos desviarmos da rota do nosso pensamento, nos será de grande ajuda prestar atenção desde já à definição de consciência que dá o *Catecismo* (n. 1778):

> A consciência moral é um *julgamento da razão* pelo qual a pessoa humana reconhece a *qualidade moral de um ato concreto* que vai planejar, que está a ponto de executar ou que já praticou. Em tudo o que diz e faz, o homem é obrigado a seguir fielmente o que sabe ser justo e correto.

Com base nessa ideia, vamos prosseguir, começando por focalizar um «caso» difícil[1].

---

(1) Sobre o tema da consciência, ver o nosso livro *A voz da consciência*, 3ª ed., Quadrante, São Paulo, 2017.

Uma página desconcertante do Evangelho

Uma das páginas mais difíceis do Evangelho é a parábola em que Jesus elogia um sem-vergonha, um administrador desonesto de quem o patrão começava a suspeitar (cf. Lc 16, 1-8).

Para evitar ser dispensado e ficar na rua, o corrupto vai chamando um a um os devedores do seu patrão e os induz a falsificar junto com ele as contas, reduzindo-lhes as dívidas à metade ou quase: «Quanto deves a meu patrão? Ele respondeu: Cem medidas de azeite. Disse-lhe: Toma a tua conta, senta-te depressa e escreve: cinquenta».

É óbvio que Cristo não aprova a corrupção nem a mentira. O que Jesus pretendeu com essa história chocante foi mostrar que os que vão atrás do mal — e pecam, e cometem crimes — muitas vezes agem com mais esperteza do que os cristãos que procuram fazer o bem.

«E o proprietário admirou a astúcia do administrador, porque os filhos deste mundo são mais prudentes do que os filhos da luz».

O grande negócio dos filhos da luz, dos filhos de Deus, é aspirar à perfeição do amor, até atingirem o que São Paulo chama *a estatura da maturidade de Cristo* (Ef 4, 13), e — unidos a Cristo — espalhar o amor e o bem à sua volta. Mas na realidade muitos cristãos, acomodados e passivos, têm bem menos fibra para o bem do que muitos bandidos para o mal. Parecem abobalhados ao lado desses espertos[2].

A moral cristã chama «astúcia» à falsa prudência do administrador infiel. A astúcia é o arremedo diabólico da prudência, que faz com que haja chefes do crime organizado mais eficientes do que

---

(2) É neste sentido que Jesus dizia: *Sede, pois, prudentes como as serpentes, mas simples como as pombas* (Mt 10, 16).

os governantes legítimos; que haja quem, com pouco esforço e despesa, tire ótimos lucros vendendo aparelhos falsificados ou celulares roubados; que hackers sem escrúpulos roubem eficientemente milhões, entrando em inúmeras contas bancárias com vírus quase imperceptíveis.

Existe uma falsa prudência — diz São Josemaria —, que devemos chamar antes de astúcia, que está ao serviço do egoísmo, que se serve dos recursos mais adequados para atingir fins tortuosos[3].

São João Paulo II comenta:

Prudente *não* é — como muitas vezes se julga — o que sabe virar-se na vida para dela tirar o máximo proveito, mas o que consegue edificar a vida inteira de acordo com a voz da

---

(3) Josemaria Escrivá, *Amigos de Deus*, n. 85.

consciência reta e as exigências da moral justa[4].

«A voz da consciência reta»

Acabamos de ver que a virtude da prudência deve *julgar* as nossas ações mediante um *juízo de valor* formulado pela consciência: «Isto está certo, isto está errado» — «Isto é virtude, isto é pecado».

Será que a nossa consciência sempre julga bem? Não pode enganar-nos? Qual é a luz verdadeira com a qual a nossa consciência tem que julgar? Qual é o referencial que garante o acerto da consciência?

É um fato que a nossa consciência muitas vezes nos engana.

> Posta diante de uma escolha moral, a consciência pode emitir um julgamento correto, de acordo com a razão e a lei divina, ou, ao contrário,

---

(4) João Paulo II, *Audiência geral*, 25.10.1978.

um julgamento errôneo, que se afasta da razão e da lei divina (*Catecismo*, n. 1786).

A consciência pode errar, isto é, pode achar correta uma solução desonesta.

Para evitar esses erros é necessário ter muito em conta que a nossa consciência *não cria a moralidade* — a bondade — dos nossos atos. Muitos acham que basta que a «sua consciência» aprove algo para que isso fique sendo certo. Transformam assim a sua «convicção» subjetiva, não autenticada por uma verdade objetiva, num «deus» que sempre acerta e que deve ser acatado contra tudo e contra todos; e a esse falso «deus» chamam «a minha consciência».

É indispensável, por isso, não perder de vista que só a consciência *bem formada* «formula seus julgamentos seguindo a razão, de acordo com o bem verdadeiro querido pela sabedoria do Criador» (*Catecismo*, n. 1783). Somente assim a consciência é «a voz de Deus», e não a voz de uma ilusão, das conveniências ou da fantasia.

Em sã consciência

É muito sábia a língua portuguesa quando usa a expressão «em sã consciência, eu penso que...», porque — como estamos vendo — a nossa consciência pode estar sã ou doente.

Veja como São João Paulo II fala da sã consciência: «Deus, que *é o único bom* (cf. Mt 19, 17), conhece perfeitamente o que é bom para o homem, e, devido ao seu mesmo amor, o propõe nos mandamentos»[5].

Esclarecida pela luz dos mandamentos, dos preceitos e dos conselhos divinos, a consciência torna-se canal da voz de Deus. Um exemplo: toda a doutrina católica sobre a vida, que São João Paulo II expõe magnificamente na encíclica *Evangelium vitae* («O evangelho da vida»), tem

---

(5) Carta Encíclica *Veritatis splendor*, 06.08.1993, n. 35.

como alicerce — para iluminar verdades, erros e confusões — o quinto mandamento da lei de Deus: *Não matarás*.

Os preceitos morais negativos — diz — têm uma função importantíssima: o «não» que exigem incondicionalmente aponta o limite intransponível abaixo do qual o homem livre não pode descer, e simultaneamente indica o mínimo que ele deve respeitar e do qual deve partir para pronunciar inumeráveis «sins», capazes de cobrir progressivamente todo o horizonte do bem, em cada um dos seus âmbitos (n. 75).

Em 1833, o futuro cardeal Newman, cada vez mais próximo da sua conversão ao catolicismo, escrevia durante uma estadia na Sicília o seguinte verso: «Eu antes gostava de escolher e compreender o meu caminho. Agora, pelo contrário, eu oro: Senhor, guia-me Tu»[6].

---

(6) Poema (e mais tarde hino) *Lead, Kindly Light*, 1833.

O Cardeal Ratzinger, futuro Bento XVI, comentava essa atitude de Newman:

> O específico do ser humano, enquanto ser humano, não consiste em interrogar-se a si mesmo sobre o «poder» [o que eu posso fazer], mas sobre o «dever» como abertura da alma à voz da verdade e das suas exigências [...]. O jugo da verdade é «leve» (Mt 11, 30), dado que a Verdade — Jesus — veio, amou-nos e queimou as nossas culpas no seu amor. Só quando conhecemos isso e o experimentamos interiormente é que somos livres para escutar com alegria e sem ansiedade a mensagem da consciência[7].

---

(7) Conferência «Consciência e Verdade», proferida na 10ª Oficina para Bispos, fevereiro de 1991, Dallas, Texas.

IV
AINDA SOBRE O JUÍZO DA CONSCIÊNCIA

Há luzes falsas

Como víamos, somente a consciência guiada pela luz de Deus formula *juízos morais corretos*: os únicos que nos permitem ser prudentes. Vamos aprofundar um pouco mais nesse tema.

São muitas as luzes falsas que tiram a consciência dos trilhos e falsificam a bondade das nossas ações. Jesus nos alerta: *Se teu olho* — o olho da alma — *é são, todo o teu corpo será iluminado. Se teu olho estiver em mau estado, todo o teu corpo estará nas trevas* (Mt 6, 22-23).

Vem-me ao pensamento um conto de Chesterton, «O fim dos Pendragon»[1], que trata de um «almirante» louco que morava num velho casarão nas costas rochosas da Cornualha, no sudoeste da Inglaterra. Construiu uma torre em cujo cimo podia acender uma grande fogueira, e assim simulava de longe um farol marítimo. Com essa luz falsa, enganava navegantes rivais que queria eliminar e os induzia a naufragar e morrer no labirinto das rochas.

Que «luzes» nos enganam mais facilmente? Quais os falsos faróis que nos fazem naufragar na vida moral? Vejamos alguns, mesmo que repisemos ideias já expostas ou apontadas nos capítulos anteriores.

O farol do subjetivismo. A pessoa — já víamos isso — confunde a consciência com um *sentimento* subjetivo. Não nos damos conta de que o que nós «achamos»

---

(1) Oitavo conto do livro *A sabedoria do padre Brown*.

está condicionado frequentemente por vícios e influências que obscurecem a retidão moral.

Mais ainda: quando o homem não se preocupa suficientemente com a procura da verdade e do bem, a consciência pouco a pouco, pelo hábito do pecado, se torna quase obcecada[2]. É a cegueira moral, a *moral insanity*.

> Acaba-se por assumir — dizia São João Paulo II — como única e indiscutível referência para as próprias decisões, não já a verdade sobre o bem e o mal, mas apenas a sua subjetiva e volúvel opinião ou, simplesmente, o seu interesse egoísta e o seu capricho [...]. Deste modo, diminui toda referência a valores comuns e a uma verdade absoluta para todos: a vida social aventura-se pelas areias movediças

---

(2) Cf. Concílio Vaticano II, Constituição Pastoral *Gaudium et spes*, 07.12.1965, n. 16.

de um relativismo total. Então, *tudo é convencional, tudo é negociável*, inclusive o primeiro dos direitos fundamentais, o direito à vida[3].

O farol do politicamente correto. É fácil ser arrastado pela correnteza do pensamento dominante. Acha-se que algo está certo porque «todo mundo pensa assim»; ou então adere-se covardemente ao pensamento dominante para ser bem aceito. Ora, a opinião «geral» — até mesmo em muitos ambientes católicos — com frequência não coincide com o que é o critério «normal», o que corresponde aos valores autênticos da vida moral.

Uma corrupção econômica ou sexual generalizada não torna esses comportamentos moralmente bons. São incontáveis os jovens e menos jovens que substituem os valores da ética natural e da

---

(3) Carta Encíclica *Evangelium vitae*, 25.03.1995, n. 19-20.

moral cristã pelas falsas «liberdades comportamentais» do ambiente (abusos destemperados do sexo, do álcool, da droga, do consumismo, da pornografia, do exibicionismo e da mentira nas redes sociais) e acham que isso é «normal». É a moral que transforma em valores os erros estatisticamente majoritários.

Vale a pena transcrever umas palavras do conhecido filósofo espanhol Julián Marías:

> O homem da nossa época recebe uma série de interpretações da realidade que, muitas vezes, têm um caráter moral. Aparecem formas de vida, de relacionamento humano, de família, de ética política que são, de certa forma, interpretações a uma determinada luz e, muitas vezes, apresentam-se como normais só porque são frequentes. Essa identificação parece-me muito perigosa: considerar o que é frequente como normal, o que é normal

como lícito, e o que é lícito legalmente como se fosse moral. Não! Trata-se de identificações inaceitáveis. Pode haver coisas frequentes que não são normais, e pode haver coisas lícitas legalmente, mas que não o são moralmente. É preciso analisar cada caso concreto[4].

O farol das ideologias. É uma falsa luz muito aparentada com a anterior. Hoje, a influência do ambiente, a pressão da mídia, o tom doutoral e agressivo dos militantes das ideologias em pauta é uma pirotecnia de luzes enganadoras, que pretendem dominar monoliticamente o pensamento de todos. Muitos despreparados caem nessa tirania como a mariposa que queima as asas na chama de uma vela: desde o velho marxismo até o laicismo

---

(4) Conferência «A moralidade coletiva», proferida no «Instituto de Espanha» (Madri) como parte do curso «A Espanha possível do século XXI». Disponível em: <http://www.hottopos.com/videtur5/a_moralidade_coletiva.htm>.

antirreligioso, passando pelo niilismo e as antropologias antinaturais.

Bem dizia o Papa Bento XVI:

> Cresce o perigo de uma ditadura da opinião, e quem não a acata é isolado e marginalizado, de tal forma que há gente boa que não ousa mais manifestar que não concorda com esses grupos. Uma eventual ditadura anticristã do futuro será presumivelmente muito sutil. Ela se mostrará aparentemente aberta às religiões, mas com a condição de que não mexam no seu modelo de conduta e de pensamento[5].

São novos dogmas de fé, com a sua própria inquisição, apoiados até mesmo pela lei e os tribunais.

---

(5) Cf. Dag Tessore, *Bento XVI: Questões de fé, ética e pensamento na obra de Joseph Ratzinger*, Claridade, São Paulo, 2005, p. 24.

O farol que não engana

No meio desse *halloween*, dessa festa das bruxas, destaca-se o brilho da *lux vera* (Jo 1, 9), a luz verdadeira, a única que pode guiar as nossas vidas por caminhos de bondade.

Santo Agostinho indica um rumo certo: «A prudência é o amor que sabe discernir bem que coisas nos ajudam a caminhar para Deus, e quais nos podem impedir de fazê-lo»[6]. E alerta: «Não pretendas desviar o coração de Deus, que é sempre reto, para que se acomode à perversidade do teu»[7].

Voltemos ao *Catecismo*, que nos mostra o verdadeiro farol:

> A consciência deve ser educada e o juízo moral esclarecido. Uma

---

(6) Santo Agostinho, *Sobre costumes da Igreja católica e os dos maniqueus*, I, 15.

(7) Santo Agostinho, *Enarrationes in Psalmos*, 63, 18.

consciência bem formada é reta e verídica. Formula seus julgamentos seguindo a razão, de acordo com o bem verdadeiro querido pela sabedoria do Criador. A educação da consciência é indispensável aos seres humanos submetidos a influências negativas e tentados pelo pecado a preferirem o próprio juízo e a recusar os ensinamentos autorizados (n. 1783).

Depois, o mesmo *Catecismo* (n. 1785), concretiza os modos de procurar a *lux vera* para, com base nela, formular os nossos juízos éticos:

• «Na formação da consciência, a Palavra de Deus é a luz do nosso caminho; é preciso que a assimilemos na fé e na oração e a ponhamos em prática». Sobretudo, com a leitura e meditação frequente — de preferência, diária — do Novo Testamento, e mais especialmente dos quatro Evangelhos.

• «É preciso ainda que examinemos a nossa consciência». Lembremos que Jesus dizia que os puros de coração verão a Deus (cf. Mt 5, 8). Com o exame de consciência (bastam uns minutos de balanço espiritual à noite), identificamos as nossas falhas e insuficiências, pedimos perdão a Deus e nos preparamos para purificar a alma com um propósito de retificar e, em muitos casos, com uma boa Confissão. Assim, com a alma purificada pelo perdão de Deus, é mais difícil que nos iludamos com as luzes falsas.

• «Somos assistidos pelos dons do Espírito Santo». Não nos faltará essa luz divina para as decisões morais se invocarmos frequentemente a assistência do Espírito Santo: «Ó luz felicíssima, enchei o mais íntimo dos corações dos vossos fiéis», diz a sequência de Pentecostes *Veni, Sancte Spiritus.*

• «Somos ajudados» — diz ainda o *Catecismo* — «pelo testemunho e conselho dos outros». Ajuda-nos muito frequentar um confessor fixo, com quem possamos ter direção espiritual.

• «Somos guiados pelo ensinamento autorizado da Igreja». O *Catecismo da Igreja Católica*, na sua edição típica vaticana, é uma fonte de claridade para as dúvidas e ignorâncias da nossa consciência. Basta consultar o assunto em questão no amplíssimo e excelente índice alfabético que, como um índice remissivo, se encontra no final do volume.

Nestes tempos de confusão e opiniões morais conflitantes, mesmo no âmbito católico, é importante ter presente o que São João Paulo II dizia sobre esse *Catecismo*. O *Catecismo da Igreja Católica* é:

> Norma segura para o ensino da fé [...], texto de referência seguro e autêntico para ensino da doutrina católica [...]. É oferecido a todos os fiéis que desejam aprofundar o

conhecimento das riquezas inexauríveis da salvação[8].

---

[8] Constituição Apostólica *Fidei depositum*, 11.10.1992, parte IV.

V
O JUÍZO SOBRE OS MEIOS

Julgar e preparar os meios

Comecemos recordando uma citação de São Tomás: «É próprio da prudência deliberar, julgar e ordenar os *meios* para se chegar ao *fim* devido»[1]. Em sintonia com o santo doutor, Josef Pieper escreve que «o caráter próprio da prudência é o comprometimento no campo *dos meios e dos caminhos*, no campo das realidades concretas»[2].

---

(1) São Tomás de Aquino, *Suma Teológica*, II-II, q. 47, a. 11, c.

(2) Josef Pieper, *As virtudes fundamentais*, p. 20.

É importante discernir os «caminhos verdadeiros»[3], ou seja, os *meios* apropriados para alcançar a meta proposta, porque a prudência — insistimos — é uma virtude prática: julga sobre a maneira adequada e eficaz de *fazer* algo.

Jesus mostra a importância dos meios com uma parábola simples:

> *Quem de vós, querendo fazer uma construção, antes não se senta para calcular os gastos que são necessários, a fim de ver se tem com que acabá-la? Para que, depois que tiver lançado os alicerces e não puder acabá-la, todos os que o virem não comecem a zombar dele, dizendo: Este homem principiou a edificar, mas não pode terminar.* (Lc 14, 28-30)

Esse planejador tinha uma meta honesta: edificar uma torre. Começou por

---

(3) São Tomás de Aquino, *Suma Teológica*, II-II, q. 51, a. 1.

refletir: sentou-se para pensar. Mas descuidou frivolamente o juízo sobre os meios: não calculou se tinha o suficiente. E o projeto ficou truncado.

Todos conhecemos casos parecidos de fracassos em empreendimentos comerciais, industriais, imobiliários, agrícolas, familiares etc.

Vejamos uma história atual.

Após o aviso prévio, chegou o momento de o protagonista desta história se achar na rua. Já vinha cismando sobre a possibilidade de um novo trabalho. De repente, uma ideia lhe despontou na mente: «O fundo de garantia! Posso aplicá-lo na criação de uma pequena empresa». Mas qual empresa? Sempre trabalhou como engenheiro no ramo da construção civil. «As pessoas comem» — disse de si para si —, «as pessoas são gulosas». E, com embalo poético, resolveu montar uma doceria.

Já tinha trabalhado em alguma? Não. Tinha experiência de fabricação de doces?

Nenhuma. «Mas tenho um amigo, possível sócio, que trabalhou um tempo nesse ramo da alimentação, ele conhece». Tão pouco o conheciam ambos que, após oito meses, o fundo de garantia estava queimado e a doceria fechada. Para maior desgraça, a rua onde abriram o negócio tinha fama de ser um «cemitério de fundos de garantia».

Nessa história precisamos enxergar algo mais que uma incompetência profissional. Temos que considerar a imprudência grave que decorre — em todos os campos — da nossa falta de *preparo pessoal*.

No «juízo sobre os meios», o *meio* principal a se ter em conta é a *própria pessoa* que faz ou empreende: as suas qualidades, os seus conhecimentos, a sua competência, a sua experiência, as suas capacidades. Muitas das piores imprudências procedem de descuidar o devido «preparo da pessoa» e, infelizmente, é para as coisas mais importantes da vida que se descura desse preparo.

Vamos meditar sobre duas delas a título de exemplo. Vou me alongar propositadamente neste ponto, pois acho que vale a pena.

Imprudência no casamento

Por que fracassam tantos casamentos? Não pretendo citar as principais causas, mas só algumas básicas, decorrentes da falta de prudência. Pode ilustrar isso uma parábola do Evangelho.

Na parábola das dez virgens (cf. Mt 25, 1-13) — como é tradicionalmente designada —, Jesus focaliza um costume dos casamentos da época. Um grupo de moças, amigas da noiva, iluminava à noite o cortejo nupcial. Para tanto, cada uma trazia uma lâmpada de óleo, mais uma pequena vasilha de óleo reserva.

Na parábola, as moças eram dez: cinco prudentes e cinco avoadas. Estas últimas, ao tomarem as suas lâmpadas, não levaram consigo o óleo de reserva. Como é de praxe, os noivos se atrasaram, e todas as moças começaram a cochilar. À meia-noite ouviu-se um brado:

> *Eis o esposo, ide-lhe ao encontro. E as virgens levantaram-se todas e prepararam suas lâmpadas. As tolas disseram às prudentes: Dai-nos de vosso óleo, porque as nossas lâmpadas se estão apagando.*

Mas não havia o suficiente. Tentaram comprar, mas quando regressaram a sala do banquete já tinha as portas trancadas. Bateram e não foram aceitas: *Não vos conheço*, respondeu uma voz lá dentro.

Que lhe diz essa parábola? É o retrato das pessoas que sonham, que vibram com seu sonho — pensemos concretamente no casamento —, que preparam, longa e cuidadosamente tudo o que é material e secundário, como as cinco moças insensatas prepararam vestido e penteado, mas se esquecem de aprontar o imprescindível. Quando chega a hora sonhada, encontra-as sem chama, sem luz. Ficam no escuro e nele se perdem. Poucos anos depois do casamento não sabem mais o que querem nem onde vão parar.

A conclusão é clara. Não basta a boa vontade, a emoção, o sentimento etc., etc., para que o amor amadureça e dure. Além da formação espiritual e da graça de Deus, é preciso, no mínimo, preparar-se.

É necessário, por exemplo, cultivar a *amizade* entre os dois. Se, no namoro e no noivado, os futuros cônjuges só cultivam paixão, prazer e planos gostosos, não se conhecem; enganam-se com carinhos, festas, arrebatamentos e fumaças coloridas.

O namoro cristão é sábio: valoriza o mútuo conhecimento e a reflexão serena muito acima da paixão. Por isso, eu lhes diria: Não façam como os namorados que se atiram estupidamente à embriaguez sensual. Vivam a castidade, delicada e sacrificada, que valoriza e torna o amor mais firme e estável, e não o reduz a um bem de consumo, que se gasta e pouco depois se joga fora.

Dediquem mais empenho e mais tempo a conversar — diria também —, a trocar ideias, a conhecer bem o pensamento um do outro — para perceber se é superficial, vazio, frívolo, egoísta; ou é idealista, profundo, generoso, disposto ao sacrifício necessário para construir um ideal de família e de amor verdadeiro... Dediquem tempo a planejar juntos essa construção (tijolo a tijolo!), sem ansiedade nem pressa afobada, degrau a degrau, doação a doação, renúncia a renúncia, aprendendo a achar a sua maior alegria na alegria que procuram dar ao outro...

Além disso (que não passa de uma síntese parcial e breve), procurem adquirir uma formação sólida sobre o matrimônio e a família. Não bastam breves cursos de noivos de fim de semana. Fazem falta semanas e meses de leitura, estudo e preparo sistemático, contando com o aconselhamento de casais experientes e exemplares. Há entidades dedicadas à família, que já oferecem cursos de alto padrão e eficiência[4].

Não digam que não têm tempo, porque isso de «não ter tempo» é uma história da carochinha. Não é questão de tempo, mas de vontade, de «querer». E esforcem-se para que nunca se lhes possa aplicar aquela sentença desoladora: «Viveram sem se conhecerem e morreram sem se amarem».

Imprudência na formação dos filhos

Muitas das atitudes que acabamos de mencionar aplicam-se — com a mesma força e urgência — à formação dos filhos.

Todos os pais desejam que os filhos sejam «bons», que não sejam arrastados pelo aluvião de desordem, desorientação

---

[4] Procure, por exemplo, o Instituto Brasileiro da Família (IBF: <http://portalibf.org.br>) e a Associação para o desenvolvimento da família (ADEF: <http://www.adef.org.br>).

e vícios que parece sequestrar boa parte da nossa juventude.

Não pretendo fazer aqui uma exposição sobre educação dos filhos. Limito-me a conclamar os pais a terem a prudência de não confundirem os filhos com anjinhos ou com couves. Sim, isso mesmo.

«Anjinhos» não são. Todos nascemos com «uma gota do veneno da serpente do Paraíso», como dizia o Cardeal Ratzinger, ou seja, com as tendências e os puxões dos sete vícios capitais: orgulho, avareza, luxúria, ira, gula, inveja e preguiça. Não se empenhar em educar a sério as virtudes dos filhos — dentro de um clima de dedicação amiga, de exigência e de liberdade acompanhada — equivale a deixá-los prisioneiros dos sete tentáculos desse polvo dos vícios capitais.

Também não confunda os filhos com «couves», que podem crescer sozinhas, e mal, em qualquer terreno baldio. Não vão se formar por si mesmos, nem basta o melhor colégio, se os pais não assumem *pessoalmente* a tarefa de educá-los (além de garantir-lhes escola, faculdade, saúde etc.). Concretamente, assumam:

• A tarefa de formar-lhes o caráter, de formá-los nas virtudes humanas (fortaleza, justiça, temperança, desprendimento, respeito, gentileza, compreensão...);

• A tarefa de formá-los na caridade, na vitória sobre o egoísmo grande ou pequeno. Isso é importante! Façam tudo para que abram o coração às necessidades do próximo — começando pelos irmãos, se tiverem — e não fiquem fechados em si mesmos;

• Em especial, empenhem-se em formá-los na fé, nos valores morais perenes do cristianismo e na prática cristã. Leiam juntos, rezem juntos, expliquem-lhes a doutrina.

Reparem que muitos pais, com as suas omissões na educação dos filhos, são como o tal terreno baldio onde os filhos crescem como couves mirradas e bichadas, como mato que a vida se encarregará de queimar.

Ninguém nasce sabendo formar filhos[5], menos ainda numa sociedade de confusões, ameaças, naufrágios e fogos cruzados de ideologias, como é a atual. Nos tempos atuais, é preciso preparar-se bem para essa grande tarefa.

«Preparar-se» não é recusar-se a ter filhos ou ter apenas um por medo dos perigos desse mundo. É dar o máximo para proporcionar-lhes os meios de formação moral e espiritual adequados — mais necessários do que o pão que comem — e para que sejam assim o que Deus quer deles: bons filhos de Deus, protagonistas da grande aventura de um futuro melhor.

---

(5) Cf. a esse respeito o nosso livro *A força do exemplo*, Quadrante, São Paulo, 2005.

Mais umas poucas palavras, agora sobre a liberdade dos filhos. Perante a liberdade malformada e mal-acompanhada que os pais dão muito cedo aos filhos, caberia perguntar-se se isso consiste realmente em deixá-los livres ou em livrar-se deles e jogá-los às feras. Uma liberdade sem norte equivale a um suicídio programado. Que cada pai e mãe se perguntem sinceramente como praticam a prudência neste ponto crucial.

E ainda mais uma consideração, bem importante nos nossos dias: é preciso aprender a arte de corrigir os filhos. É uma das prudências mais elevadas. Deixo aqui apenas duas breves sugestões de São Josemaria para os pais e formadores.

Quando se vê a necessidade de corrigir, é preciso:

> Contar antecipadamente com o desgosto alheio e com o próprio, se desejamos de verdade cumprir santamente as nossas obrigações de cristãos [...].

Não esqueçais que é mais cômodo — mas é um descaminho — evitar a todo o custo o sofrimento, com a desculpa de não desgostar o próximo. Frequentemente, esconde-se nessa inibição uma vergonhosa fuga à dor própria, já que normalmente não é agradável fazer uma advertência séria. Meus filhos, lembrai-vos de que o inferno está cheio de bocas fechadas[6].

Que nenhuma razão hipócrita vos detenha: aplicai o remédio nítido e certo. Mas procedei com mão maternal, com a delicadeza infinita com que as nossas mães nos curavam as feridas grandes ou pequenas dos nossos jogos e tropeções infantis. Quando é preciso esperar umas horas, espera-se; nunca mais que o imprescindível, já que outra atitude encerraria comodismo, covardia, que são coisas bem diferentes

---

(6) Josemaria Escrivá, *Amigos de Deus*, n. 160-161.

da prudência. Todos nós — e principalmente os que se encarregam de formar os outros — devemos repelir o medo de desinfetar a ferida[7].

Vimos dois exemplos práticos — a preparação para o matrimônio e a formação dos filhos — com certa extensão. Sirva isso como apelo para não ficarmos com ideais gerais ao exercitar a prudência.

---

(7) *Idem*, n. 158.

VI
OS MEIOS MAIS NECESSÁRIOS

A mais necessária das prudências

Ao falar, no capítulo anterior, da responsabilidade de preparar os «meios» adequados para alcançar o fim que se deseja, frisávamos que o principal «meio» é a própria *pessoa* que age.

Neste capítulo vamos considerar algumas qualidades essenciais relativas ao preparo da *pessoa em si*, não só ao preparo especializado dela para determinadas ações, responsabilidades ou tarefas: para ser pai, para ser administrador etc.

Tomemos como ponto de partida um «caso» simplificado.

João foi o melhor aluno da melhor faculdade do país. Fez pós-graduação com a máxima qualificação. Mestrado e doutorado em Harvard. Volta à sua cidade com essas credenciais e logo consegue emprego numa grande empresa. Mas já no segundo mês, diretores, gerentes e colegas começam a sentir-se mal junto dele. A sua arrogância humilha. Companheirismo, zero. Seu desprezo pelas opiniões dos colegas e auxiliares torna o trabalho um inferno. Convencido da sua importância, sente-se no direito de irar-se, vive dando broncas, ofende e produz contínuos conflitos, que acabam explodindo na diretoria. Não precisa dizer que, se não se corrigir, não haverá empresa que o aguente, e os pomposos títulos só servirão para serem pendurados na parede como decoração.

É um caso simplificado, dizia, mas serve para evidenciar que nem as qualificações acadêmicas, nem as capacitações técnicas, nem um alto grau de especialização e experiência setorial definem o «valor humano» de uma pessoa. Ela poderá até chegar ao ápice da sua «especialidade», mas fracassará na «vida» como ser humano.

Uma faca enferrujada pode servir para furar bem ou mal uma caixa de papelão, mas não serve para uma cirurgia cardíaca de que depende uma vida.

Vejamos, então, alguns aspectos que temos de trabalhar para não sermos faca enferrujada. Por outras palavras, que *condições pessoais* precisamos ter para sermos prudentes em *todas* as circunstâncias.

Focalizaremos quatro dessas condições, sendo que as duas primeiras são pilares insubstituíveis.

Ser pessoas de critério

Têm critério as pessoas que adquiriram formação e lucidez suficientes para captar com facilidade o que está certo e o que está errado. Não só do ponto de vista moral (importante para o juízo da consciência), mas de todos os pontos de vista práticos:

- Isto vai ajudar ou prejudicar?
- É disto que a pessoa precisa ou vai lhe atrapalhar?
- Isto educa ou desorienta os alunos?
- Este é um bom plano ou é uma confusão insensata?
- Isto será um fator de crescimento ou de complicação?
- Qual será a repercussão pessoal, familiar ou social de tal ou qual decisão minha?

No nível profissional, todos conhecemos pessoas de critério: um médico experiente dotado de um olho clínico perspicaz, um advogado que percebe ao primeiro golpe de vista qual será a melhor solução, um engenheiro que vê logo que um arco está mal calculado.

São pessoas em quem se confia e às quais se recorre com segurança, gente que tem a prudência enriquecida por um «aditivo» especial, que São Tomás chama *solertia*[1] (*não confundir com «solércia», a palavra portuguesa derivada*), que é a capacidade de enxergar logo, intuitivamente — sobretudo em situações inesperadas —, os problemas objetivos e as melhores soluções.

A primeira coisa que é preciso dizer é que o critério não nasce conosco, como a inteligência, nem se obtém por inspiração angélica. Ganha-se com «labor e suor» (*in labore et sudore*). Não é lícito, como dizia cruamente alguém, refugiar-se na estúpida suficiência de um saber fictício. A presunção do ignorante que pontifica e dá palpite sobre aquilo que não conhece, além de ridícula, é o polo oposto da prudência.

Convença-se — quero insistir-lhe — de que não basta ter boa intenção, bom coração e boa vontade, unidos a um bom

---

(1) Cf. São Tomás de Aquino, *Suma Teológica*, II-II, q. 49.

preparo técnico, para enfrentar prudentemente os desafios da vida. Só poderá ganhar bom critério a pessoa que se esforçar seriamente — com perseverança diária — em aprimorar a sua formação humana, especialmente a sua formação cristã, nas questões doutrinais, morais e espirituais.

Hoje, quem quiser pode encontrar muitas obras e outros meios valiosos[2] que — sob a orientação de conselheiros experientes — podem enriquecer constantemente a nossa formação.

Concretamente, quando se trata de um cristão, a aquisição de critério exige necessariamente:

• *Ter doutrina*. Conhecer em nível suficientemente elevado (para um adulto, não basta o catecismo das crianças) o ensinamento de Cristo e a doutrina da Igreja.

---

(2) E também cursos a distância de boa qualidade pela internet e *sites* de reta doutrina moral, religiosa e espiritual, preparados para formar, informar e resolver dúvidas.

Décadas atrás, talvez bastasse o clima familiar para transmitir critérios cristãos certos. Atualmente, não. Cada um tem que se empenhar em adquiri-los, como aquele comerciante, de que Cristo fala, que procurava uma pérola preciosa e não parou até consegui-la (Mt 13, 45-46).

• *Ter sinceridade de vida*. Quer dizer, fazer o esforço de adequar a conduta à fé. Se não há vivência, é impossível adquirir a «sabedoria do coração», um outro nome que o Livro dos Provérbios dá à prudência (cf. Pr 16, 21). Só as verdades encarnadas na prática são luminosas, tanto para a nossa vida como para a dos outros.

• *Viver em graça de Deus*. Usar habitualmente os meios de que dispõe o cristão para adquirir a graça do Espírito Santo, e para recuperá-la, se a perdeu: os Sacramentos da Confissão e da Eucaristia, a oração, o amor a Deus e ao próximo com que se realizam, com a maior perfeição possível, os deveres que tecem a vida diária.

Quando há esse empenho de autenticidade, os dons do Espírito Santo colocam-nos facilmente diante da Luz de Deus, sobretudo o dom de Conselho, que «julga, nos casos particulares, o que convém fazer em ordem ao fim sobrenatural [à santificação e à salvação eterna]»[3].

Cultivar as virtudes humanas e cristãs

> Persuadi-vos de que um cristão, se de verdade pretende conduzir-se retamente diante de Deus e diante dos homens, precisa de todas as virtudes, pelo menos em potência[4].

Tenhamos presente o que dizia o Pe. Antonio Vieira:

> Os olhos veem pelo coração; e assim como quem vê por vidros de diversas

---

(3) Antonio Royo Marín, *Teología de la perfección cristiana*, 5ª edição, BAC, Madri, 1968, p. 547.

(4) Josemaria Escrivá, *Amigos de Deus*, n. 161.

cores, todas as coisas lhe parecem daquela cor, assim as vistas se tingem dos mesmos humores de que estão bem ou mal afetos os corações[5].

Onde o Pe. Vieira diz «humores», coloquemos «vícios», que são o contrário das virtudes. Para alcançar a clareza do *olhar*, do *julgamento* de que a prudência precisa (cf. Mt 6, 22-23), é necessário limpar esses «humores», e eles só se limpam com a luta pelas virtudes, ajudada pela graça de Deus.

Em primeiro lugar — porque têm uma função básica —, precisamos esforçar-nos por cultivar as virtudes humanas[6] já mencionadas antes, ou seja, as «virtudes morais»: prudência, justiça, fortaleza, temperança... e as outras virtudes ligadas

---

(5) Pe. Antonio Vieira, *Sermão da quinta quarta-feira da Quaresma*, 1669.

(6) Cf. sobre o tema o nosso livro *A conquista das virtudes*, 2ª ed., Cultor de Livros / Cléofas, São Paulo, 2015.

a elas. Essas virtudes já foram comparadas à estrutura óssea de um corpo. Sem ela, o corpo se esparramaria no chão como uma ameba. Pois bem, sem virtudes, só pode haver homens e mulheres «amebas», incapazes de segurar a direção prudente da vida.

Não duvide de que as quatro virtudes cardeais são inseparáveis. Sem fortaleza, não há autodomínio, quer dizer, não há temperança. Essa moleza impede também que a prudência utilize, com constância e firmeza, os «meios». Por sua vez, a falta de temperança nos prazeres corporais ofusca a mente e por isso escurece a prudência, e também enfraquece a vontade, desfibrando assim a fortaleza. Finalmente, sem justiça a alma se corrompe e confunde o certo com o errado; deixa de ter, então, um norte que lhe oriente a prudência.

Acima das virtudes humanas, e vivificando-as todas, estão as virtudes teologais: fé, esperança e caridade. Essas três virtudes, diz o *Catecismo da Igreja*, «informam e vivificam todas as virtudes morais» (n. 1813). Elas criam a abóbada luminosa onde a prudência é guiada com segurança pela «estrela» de Deus, como na história dos Magos.

Quando a alma vive sob o influxo dessa constelação de virtudes — teologais e morais —, os valores da vida se enxergam de uma forma mais alta, e a prudência, que agora já é «prudência sobrenatural», toma rumos bem mais elevados.

Vale a pena recordar uma cena evangélica, que fala da vida de um jovem que fracassou pela falta de prudência sobrenatural (cf. Mc 10, 17-22).

O Evangelho nos mostra um rapaz idealista e impetuoso. Empolgado, ao ver e ouvir Jesus, correu ao encontro dele e se lhe jogou aos pés dizendo: *Bom Mestre, que farei para alcançar a vida eterna?* Queria estar com Deus, muito perto de Deus e para sempre. Jesus indicou-lhe o caminho dos Dez Mandamentos da Lei de Deus. Satisfeito, o jovem respondeu: *Mestre, tudo isto tenho observado desde a minha mocidade*.

Jesus então — diz São Marcos — olhou para ele com carinho e lançou-lhe um apelo: *Uma só coisa te falta*. O que faltava era largar tudo e segui-lo, como fizeram Pedro, João, Mateus, Tiago... Mal ouviu o apelo da vocação, o jovem *entristeceu-se com estas palavras e foi-se todo abatido, porque possuía muitos bens*. Ficou com o seu dinheiro e a sua tristeza, talvez para sempre...

Fez uma inversão de valores. Mais do que acolher o amor de Deus e o privilégio da vocação divina, preferiu aconchegar-se nos seus bens materiais, no dinheiro. Bem dizia Jesus que *ninguém pode servir a dois senhores... Não podeis servir a Deus e à riqueza* (Mt 6, 24).

Duas virtudes auxiliares

Há uma série de virtudes que São Tomás chama «partes integrantes» da prudência, porque só com elas a prudência funciona bem[7]. Vamos considerar duas delas.

A *docilitas* é a primeira, e seu nome está ligado ao verbo latino *docere*, ensinar.

> A prudência — diz o santo doutor — refere-se às ações particulares, nas quais a diversidade é quase infinita. Não é possível que um só homem seja plenamente informado de tudo o que a isso se refere, nem em um curto tempo, senão em um longo tempo. Por isso, no que se refere à prudência, em grande parte o homem tem necessidade de ser instruído por outros[8].

---

(7) São Tomás chama-as partes integrantes pois são, diz ele, como «as paredes, o teto e as fundações que são parte de uma casa» (*Suma Teológica*, II-II, q. 48, c).

(8) São Tomás de Aquino, *Suma Teológica*, II-II, q. 49, a. 3, c.

Docilitas é a arte de consultar a quem pode *aconselhar-nos* — como lembrávamos acima — e de acolher os seus conselhos e sugestões de mente aberta, com ponderação e sem preconceitos.

Como é difícil a arte de «escutar». Passamos grande parte da vida escutando-nos a nós mesmos. Ao fazer isso, substituímos a razão objetiva pela subjetividade dos nossos desejos, caprichos e vontades. É lógico que, assim, muitos «juízos» e «decisões» pessoais saiam deturpados.

É próprio do prudente consultar e escutar. Pelo contrário o vaidoso fala, fala, fala, impõe seus pontos de vista, nem que seja na base de gritar mais alto do que os outros. Assim impossibilita o diálogo, ignora a troca enriquecedora de pareceres. Quem não sabe ouvir se empobrece. Isso é muito ruim na família, é ruim entre amigos, é ruim na empresa, é ruim no esporte, é ruim na Igreja...

A *previdência* é outra «parte integrante» da prudência. Dela, São Tomás afirma, entre outras coisas: «Deve-se dizer que todas as vezes que muitas coisas são requeridas para uma ação, uma delas é necessariamente a principal à qual todas as outras se subordinam»[9].

No mundo atual, é normal estar envolvido em muitas coisas, numa complexidade de ocupações e deveres. É necessário ordená-los. Não permitir que o secundário ocupe o lugar do principal, ou que o nosso tempo se organize de forma a deixar de lado os deveres primordiais.

Para mencionar um exemplo comum, lembre-se do grande número de pais e mães que, pela dedicação «desordenada» (ou seja, não necessária nem inevitável) ao trabalho profissional, não deixam espaço para o convívio familiar, não acham tempo para a conversa entre mulher e

---

(9) *Idem*, II-II, q. 49, a. 6, ad 1.

marido, nem para o diálogo e a vida compartilhada com os filhos.

Isso tudo é uma desordem na hierarquia de valores. Uma imprudência séria, que — por falha na formação da consciência moral — é praticada por muitos como a coisa mais natural do mundo.

O prudente decide sobre os fins e os meios mantendo a ordem de importâncias: ao que é primeiro, deve dedicar-se a melhor atenção e empenho, ainda que não se lhe possa dedicar o maior tempo.

Quer uma ordem hierárquica clara?

- Primeiro, Deus (e os mais necessitados, espiritual e corporalmente, que Jesus identifica consigo: cf. Mt 25, 40);
- Segundo, a família, a «começar» pela mútua dedicação do casal;
- Terceiro, os deveres profissionais e sociais, e a responsabilidade pelo bem comum.

Dissemos desde o começo que a pessoa prudente tem que *decidir* quais os fins certos e os meios adequados que deve escolher para atingi-los. Falta-nos apenas refletir sobre a ação, sobre a *decisão de agir*, de pôr em prática esses meios. É o que veremos nos próximos capítulos.

VII
TERCEIRO PASSO: A DECISÃO

A etapa «definitiva» da prudência

Até aqui acompanhamos dois elementos necessários para a virtude da prudência: a *reflexão* (não agir sem antes ter pensado devidamente) e o *juízo* (ter julgado ponderadamente acerca dos valores e dos meios a empregar). São dois passos importantes da prudência: conforme o caso, podem ser praticados em poucos segundos, em horas, em dias e até mesmo em anos. Mas são necessários para o momento decisivo, que é a hora de *agir* com prudência, a «hora da verdade».

Neste sentido, São Tomás ensina que o «ato principal» da prudência é «comandar, que consiste em aplicar o conhecimento ao desejo e à ação»[1]. Comandar é determinar-se a agir. Por isso, Josef Pieper pode afirmar que a prudência é «a perfeita capacidade de decisão em função da realidade»[2].

Essa decisão leva o processo da prudência à perfeição. Por isso se diz que a prudência é a virtude característica do governante.

> Onde se encontra uma razão especial de direção e de comando nos atos humanos, haverá também uma razão especial de prudência. [...] Por isso se considera a ciência de governo uma espécie de prudência[3].

---

(1) São Tomás de Aquino, *Suma Teológica*, II-II, q. 47, a. 8, c.

(2) Josef Pieper, *As virtudes fundamentais*, p. 44.

(3) São Tomás de Aquino, *Suma Teológica* II-II, 50, 1 c.

Vale a pena meditar sobre isso porque frequentemente se cometem graves imprudências por faltas de decisão (no governo da família, de qualquer comunidade, de um país etc.).

Vejamos algumas modalidades do vício da «indecisão». Todas elas, evidentemente, são manifestações de fraqueza moral.

A hesitação

A vida não é um jogo matemático, no qual todos os elementos e variáveis podem ser lançados numa tabela ou num computador que depois apresenta o resultado infalível.

Não sei se você leu ou ouviu dizer que um computador sofisticado da IBM, o *Deep blue*, acabou vencendo, em 1997, Gary Kasparov, talvez o maior enxadrista de todos os tempos.

Acontece, porém, que não existe o computador do namoro, nem o computador da fidelidade conjugal, nem o computador do amor ao próximo, nem o da vocação cristã, nem sequer o do sucesso de uma missão política ou militar, ou de uma simples microempresa comercial.

Se esse computador existisse, muito teria ajudado Flora, a jovem do romance *Esaú e Jacó* de Machado de Assis. Flora, a eterna hesitante, morreu sem se haver decidido por nenhum dos dois gêmeos, Pedro ou Paulo, que a cortejavam. Pela sua fraqueza de caráter, se morresse aos noventa anos, seria enterrada ainda indecisa.

Com perdão pela comparação, as pessoas assim vivem uma história análoga à da lenda medieval do asno de Buridan que, na realidade, não era um asno mas um cão. Colocado entre duas vasilhas atulhadas de comida, o cachorro indeciso morre de fome[4]. É a imagem das pessoas que praticam o famoso «nem sim nem não, antes muito pelo contrário».

---

(4) Cf. Otto Lara Rezende, *Bom dia para nascer*, Companhia das Letras, São Paulo, 1993, p. 200.

Às vezes custa *decidir*, porque isso significa inevitavelmente *excluir*. Se você decide casar-se com tal pessoa, exclui todas as outras. Aquele que decide alistar-se como voluntário na força de paz da ONU exclui continuar na tranquilidade do lar. Não se pode jogar baralho mantendo todas as cartas na mão. Algumas delas, por vezes a maioria, têm de ser descartadas.

O medo

Outras vezes, para nos decidirmos a algo que valha a pena, precisamos ultrapassar a barreira do medo. Medo de que não dê certo. Medo dos imprevistos. Medo das dificuldades. Medo de não ser capaz. Se você não vencer esse medo, nunca fará nada.

A *decisão* exige «lançar-se» a fazer, sabendo que nada na vida está absolutamente garantido e sempre podem surgir surpresas ou imprevistos. Sem essa coragem de começar, de empreender, de arriscar, nunca faríamos nada que valesse a pena...

e nem sequer enfrentaríamos as dificuldades do cotidiano. Não sairíamos de carro, porque poderia haver um acidente, não desceríamos uma escada, porque poderíamos escorregar e quebrar o pescoço...

Shakespeare mostra-nos Hamlet monologando sobre a sua própria reflexão indecisa: ele reconhece que se dedica a «pensar nas consequências com excessiva minúcia», e acaba confessando: «Reflexão esta que, de quatro partes, tem uma só de prudência e sempre três de covardia»[5].

Aos que se sintam indecisos por esse tipo de medos, eu aconselharia ler os relatos das diversas viagens de Amyr Klink. Impressiona a seriedade — a prudência! — com que ele se preparou em cada caso: o barco, os alimentos, as rotas, o clima, o estudo das correntes marítimas, as experiências dos exploradores mais qualificados, e tantos detalhes mais.

---

(5) William Shakespeare, *Hamlet, príncipe da Dinamarca*, Ato IV, Cena III.

Quando chegou a hora em que, com tudo suficientemente preparado, tinha que partir, partiu. E não recuou no meio da travessia. Assim se inscreveu entre os grandes dessas aventuras imortais (Amundsen, Shackleton...). Bem conhecidos são alguns conselhos dele, que são verdadeiras máximas de prudência:

«Para se chegar onde quer que seja é preciso, antes de mais nada, querer».

«O pior naufrágio é não partir».

Medite também estas outras considerações de São Josemaria:

> Pela prudência, o homem é audaz, sem insensatez. Não evita, por ocultas razões de comodismo, o esforço necessário [...]. Não atua com tresloucada precipitação ou com absurda temeridade, mas assume o risco das suas decisões e não renuncia a conseguir o bem por medo de não acertar[6].

---

(6) Josemaria Escrivá, *Amigos de Deus*, n. 87-88.

O falso querer

A prudência pode perder-se pela fragilidade do querer. É o caso das pessoas que querem, dizem que querem, mas falta-lhes caráter e convicção.

Tranquilizam a consciência pensando que, na verdade, «estão querendo sinceramente» (dedicar-se muito mais aos filhos, preparar um concurso difícil, assumir um compromisso de serviço à comunidade, resolver longas dúvidas sobre a vocação), mas na realidade não querem, só «gostariam de»...

São os que alguém chamava de «suicidas do condicional»: «Eu gostaria muito de recomeçar a minha vida cristã: assisti a um filme sobre padre Pio e chorei»; «Eu gostaria tanto de fazer juntamente com a esposa um curso de orientação familiar do IBF, me falaram que é ótimo... Vamos ver se no ano que vem vai dar, quem sabe...».

Mil desculpas de pura moleza ou preguiça levam a não resolver. *Os desejos do preguiçoso o matam*, diz o Livro dos Provérbios (21, 25). Morre no pântano do condicional.

Para esses São Josemaria escrevia: «Um querer sem querer é o teu... — Não queiras iludir-te dizendo-me que és fraco. És... covarde, o que não é o mesmo»[7].

Em contraste com os moles inoperantes, penso em Santa Teresa de Ávila. Uma mulher de fraca saúde e com uma vida cheia de incompreensões, perseguições e obstáculos aparentemente invencíveis. Tinha orado, meditado e se aconselhado muito; por isso estava certa do que Deus lhe pedia. E em poucos anos realizou — com a fundação de um grande número de mosteiros de carmelitas descalças — o que raríssimos homens e mulheres de empresa conseguem durante a vida[8]. Um

---

(7) Josemaria Escrivá, *Caminho*, 11ª ed., Quadrante, São Paulo, 2016, n. 714.

(8) Como é possível ver nos seus escritos *Livro da vida* e *As Fundações*.

trabalho, um serviço, que continua a dar frutos vigorosos e saborosos em todo o mundo.

A importância de um querer sincero atinge o grau máximo quando se trata de decisões das quais depende o sentido profundo da existência (o ideal, a fé, a vocação cristã, a fidelidade, o amor, a família).

Pensando nisso, peço-lhe que medite devagar (sinceramente!) este ponto de *Caminho*:

> Dizes que sim, que queres. — Está bem.
>
> — Mas... queres como um avaro quer o seu ouro, como uma mãe quer ao seu filho, como um ambicioso quer as honras, ou como um pobre sensual quer o seu prazer?
>
> — Não? Então não queres[9].

---

(9) Josemaria Escrivá, *Caminho*, n. 316.

A negligência

São Tomás, ao tratar sobre a prudência, na *Suma Teológica*, dedica alguns capítulos («artigos», como ele os chama) à negligência.

> A negligência — diz — implica a falta da *solicitude* devida [...] Procede de um certo relaxamento da vontade, que faz com que não se estimule o raciocínio para que dele surja a determinação de fazer o que se deve e do modo devido[10].

«Solicitude» significa zelo, empenho cuidadoso por atingir um objetivo. Para isso, é preciso que haja um querer, um ideal que aqueça a alma e a mantenha desperta. O negligente não tem nada disso, nem metas de superação nem verdadeiros ideais. Só pensa com imediatismo, só fala

---

(10) São Tomás de Aquino, *Suma Teológica*, II-II, q. 54, a. 1-3.

em lugares-comuns, só comenta festas, campeonatos, jogos, aventuras efêmeras, experiências etílicas e «viagens»...

Em suma, a negligência identifica-se com a frivolidade, um dos grandes inimigos da prudência. É um defeito característico das pessoas vazias por dentro: caprichosas, inconstantes de pensamento e de caráter, passivas, avoadas, volúveis, distraídas... Têm a consistência de uma bolha de sabão, embora apresentem às vezes, como a bolha, brilhos irisados.

São Josemaria alerta vigorosamente contra essa perigosa imprudência:

> Não caias nessa doença do caráter que tem por sintomas a falta de firmeza para tudo, a leviandade no agir e no dizer, o estouvamento..., a frivolidade, numa palavra.
>
> Essa frivolidade, que — não o esqueças — torna os teus planos de cada dia tão vazios («tão cheios de vazio»), se não reages a tempo — não amanhã;

agora! —, fará da tua vida um boneco de trapos morto e inútil[11].

E, quando se trata da vida espiritual cristã, o mesmo santo faz um diagnóstico preciso, sobre o qual você fará bem de se examinar ponto por ponto:

> És tíbio se fazes preguiçosamente e de má vontade as coisas que se referem ao Senhor; se procuras com cálculo ou «manha» o modo de diminuir os teus deveres; se só pensas em ti e na tua comodidade; se as tuas conversas são ociosas e vãs; se não aborreces o pecado venial; se ages por motivos humanos [sem pensar em Deus]»[12].

O vício de protelar

Há pessoas que padecem de um tipo especializado de negligência: postergar tudo o máximo possível. Não sei se o

---

(11) Josemaria Escrivá, *Caminho*, n. 17.
(12) *Idem*, n. 331.

fazem de propósito ou como efeito da compulsão de sua irresponsabilidade.

Chegam esbaforidos ao aeroporto e apanham o avião na última chamada, ou simplesmente o perdem. Atrasam a renovação da carteira de motorista, com risco de apanhar a correspondente multa ou sanção. A mesma coisa com o passaporte. Perdem outros prazos, com consequências jurídicas e monetárias lamentáveis. E se afobam quando já não dá tempo.

É importante compreender que a verdadeira prudência exige *decisões prontas*.

São Tomás, reportando-se a Aristóteles, afirma: «É preciso deliberar calmamente, mas pôr prontamente em ação aquilo que antes foi deliberado e julgado»[13].

Façamos um balanço. Quantos bons projetos e propósitos nossos acabaram inutilizados, mofando no quarto

---

(13) São Tomás de Aquino, *Suma Teológica*, II-II, q. 47, a. 9, c.

de despejo da vida, por falta de prontidão, porque «chegamos tarde»? Fomos adiando-os, sem razões de peso e com pesada leviandade, e depois ficamos chorando a frustração daquilo que poderíamos e deveríamos ter feito. Quantas páginas da nossa vida ficaram em branco, e nos sussurram no fundo da consciência aquelas palavras de Cristo: *Servo mau e preguiçoso, [...] devias...* (Mt 25, 26-27).

Ouçamos de novo São Josemaria:

> A prudência exige habitualmente uma determinação pronta e oportuna. Se algumas vezes é prudente adiar a decisão até que se completem todos os elementos de juízo, outras seria uma grande imprudência não começar a pôr em prática, quanto antes, aquilo que vemos ser necessário fazer, especialmente quando está em jogo o bem dos outros[14].

---

(14) Josemaria Escrivá, *Amigos de Deus*, n. 86.

VIII
QUARTO E ÚLTIMO PASSO: A REALIZAÇÃO

Decisões de curto e longo prazo

Nem todas as decisões, como é óbvio, têm subjetivamente a mesma dimensão. É diferente a decisão de votar num determinado candidato da decisão de constituir uma família ou de instalar uma grande usina. Todas elas exigem uma ponderação prévia, séria e responsável. Mas, nas eleições, o ato de votar é coisa de minutos. Nos outros casos, a responsabilidade é contínua, *sine die*.

Vamos chamar «decisões permanentes» essas que miram a vida inteira ou um longo período de tempo. Jesus amava a palavra *permanecer*. Repetiu-a com insistência na

Última Ceia quando se despedia dos apóstolos: *Permanecei em mim e eu permanecerei em vós...; Quem permanecer em mim e eu nele, esse dá muito fruto...; Permanecei no meu amor...* (Jo 15, 4.5.9).

Permanecer significa manter a decisão tomada, apesar das dificuldades, do cansaço e das demoras.

Segundo Pieper, a prudência nesses casos «significa a coragem que se arrisca na decisão irreversível»[1].

As decisões que atingem profundamente a vida devem manter-se vivas através dos anos, contra vento e maré. Para conseguir isso, são necessárias três qualidades habituais: *firmeza*, *capacidade de renovar-se* e *humildade de retificar*.

Firmeza

Vamos escutar umas palavras de Santa Teresa de Ávila, que são como uma

---

(1) Josef Pieper, *As virtudes fundamentais*, p. 33.

sacudida revigorante da alma. Dirigindo-se às jovens que desejavam seguir a vocação de carmelita descalça, escreve:

> Importa muito, e tudo, uma grande e muito determinada determinação de não parar até alcançar a meta, venha o que vier, aconteça o que acontecer, sofra-se o que se sofrer, murmure quem murmurar, mesmo que não se sintam forças para prosseguir, mesmo que se morra no caminho ou não se tenha ânimo para os sacrifícios que há que enfrentar, ainda que se afunde o mundo...[2].

Santa Teresa era enérgica. Uma mulher e tanto, que ultrapassou com garra mil obstáculos. Mas não foi o que hoje se chama uma «voluntarista», isto é, uma pessoa que acha que tudo depende única

---

(2) Santa Teresa de Ávila, *Caminho de perfeição*, 21, 2.

e exclusivamente da sua força de vontade. Esse foi o erro de Pelágio, no século V, que a Igreja condenou.

Santa Teresa nunca se esqueceu de que, sem a ajuda a graça de Deus, não seríamos capazes de mexer um dedo[3]. Pelo menos uma vez por semana, como todas as irmãs, rezava com estas palavras: *Se o Senhor não edificar a casa, em vão trabalham os que a constroem* (Sl 127, 1); *pois vós, ó meu Deus, sois a minha fortaleza* (Sl 43, 2). Por isso, ao empreender tarefas que ultrapassavam as suas forças, confiava tudo a Deus mediante muita oração, intensa e cheia de fé, e pedia às suas irmãs que orassem dia e noite, sem cessar, «importunando» Deus com suas petições.

---

(3) *Permanecei em mim* — disse Jesus — *e eu permanecerei em vós. O ramo não pode dar fruto por si mesmo, se não permanecer na videira. Assim também vós: não podeis tampouco dar fruto, se não permanecerdes em mim. Eu sou a videira; vós, os ramos. Quem permanecer em mim e eu nele, esse dá muito fruto; porque sem mim nada podeis fazer* (Jo 15, 4-5).

Ao mesmo tempo, sabia que, contando em primeiro lugar — sempre e para tudo —, com o auxílio da graça de Deus, é preciso que façamos da nossa parte todo o esforço humano possível. Deus não abençoa a preguiça nem a inconstância. Ele quer contar com a nossa colaboração. Então podemos exclamar: *Sim, contigo sinto-me forte, com o meu Deus venço qualquer barreira* (Sl 18, 30).

As barreiras, as dificuldades, são o teste da firmeza das nossas decisões[4]. Quando queremos mesmo, enfrentamos os problemas com força. Assim, os obstáculos que ameaçam impedir-nos de chegar à meta — mesmo os da nossa fraqueza, das nossas debilidades ou quedas pessoais —, em vez de nos paralisar, nos estimulam a reagir, a rezar mais e a empenhar-nos mais.

«Cresce perante os obstáculos» — lemos no ponto 12 de *Caminho* — «A graça do

---

(4) Cf. sobre o tema o nosso *O valor das dificuldades*, 4ª ed., Quadrante, São Paulo, 2016.

Senhor não te há de faltar: *"Inter medium montium pertransibunt aquae!"*: — passarás através das montanhas!»

Assim, mantendo a firmeza perante as dificuldades, as virtudes que nos farão chegar à meta amadurecem: a humildade, o amor, a esperança, a perseverança, a fé, a paciência, o espírito de sacrifício... As águas passam através das montanhas e, com a ajuda de Deus, atingimos o ideal proposto.

Capacidade de renovação

As melhores «decisões permanentes» esmorecem quando nos dedicamos apenas a marcar o passo, a prosseguir por inércia, por rotina cega.

Digo «rotina cega» porque há rotinas lúcidas. A cega é a simples continuidade, manutenção mecânica e mortiça de uma resolução tomada tempos atrás. A lúcida é a que se renova todos os dias, e se vivifica com iniciativas criativas.

Entre as decisões permanentes, mencionávamos antes a decisão de construir uma família. Fiquemos com esse exemplo. Você deve ter visto muitas vezes — vezes demais! — famílias que começaram bem, no sonho e na esperança... e que foram esmorecendo até afundarem-se num mundo cinzento de maus humores, egoísmos e queixas. O amor ficou no grau mínimo da fidelidade: apenas «não» se separaram.

Não foi para afogar-se nesse nevoeiro que marido e mulher decidiram casar-se e ter filhos. Acontece, porém, que deixaram o barco correr sem se renovar, e assim a família foi deslizando rio abaixo, até perder grande parte da alegria, dos sonhos e do ideal.

A rotina «cega» vai desgastando a força das decisões. Pelo contrário, a rotina «lúcida» as desenvolve, as purifica, as mantém vivas, as multiplica e as leva à maturidade.

É bom meditar no que dizia Santo Agostinho:

Não fiques nunca satisfeito com aquilo que és, se queres chegar ao que ainda não és. Porque onde te consideraste satisfeito, lá mesmo ficaste parado. Se disseres «já basta», morreste. Cresce sempre, progride sempre, avança sempre[5].

Atitude viva é, por exemplo, a do casal que inicia cada dia com uma pequena ideia nova, uma iniciativa pensada para fazer o outro — ou os outros, os filhos — um pouco mais felizes: um cumprimento mais carinhoso, uma pequena surpresa, uma atitude de proximidade e conforto nas penas, um interesse sincero pelo que aos outros interessa, o propósito de silenciar o que os pode aborrecer e de procurar comentários que incentivem...

É interessante observar que há um grande paralelismo entre o amor a Deus e o amor humano. Se o amor a Deus de um

---

(5) Santo Agostinho, *Sermão* 169, 18.

cristão quer crescer — como todos deveríamos desejar — tem que avançar cada dia um pouco, com sacrifício e alegria (melhorando a oração, com confissões e comunhões mais frequentes, com pequenos sacrifícios, com constância diária nas leituras que renovam as ideias e os propósitos etc.).

Fazendo isso se descobre que quando, na vida de um cristão, o amor a Deus se renova, também os amores humanos se vão renovando com mais facilidade. Não são amores separáveis. Ambos fazem parte do «primeiro mandamento»: Amar a Deus sobre todas as coisas e ao próximo como a si mesmo (cf. Mt 22, 37-39).

Seria bom se assumíssemos como programa o que descrevia São Gregório de Nissa: «Aquele que vai subindo jamais cessa de progredir, *de começo em começo*, através de começos que não têm fim»[6].

---

(6) Cf. São Gregório de Nissa, *Homilias sobre o Cântico dos cânticos*, n. 8.

Quando as coisas fundamentais da vida — essas que dão sentido à vida — vão mal, a nossa tentação consiste em culpar os outros ou as circunstâncias. Seria melhor que fizéssemos uma boa autocrítica, que em linguagem cristã se chama exame de consciência: «Se eu melhorasse, se eu mudasse, se eu tentasse..., será que não mudariam muitas coisas à minha volta e, sobretudo, não mudariam os outros?».

Procuremos, então, uma direção espiritual periódica, façamos um retiro ou algum curso de formação cristã, algo..., mas não concluamos que «não dá mais». Reconheçamos que a nossa decisão permanente ficou congelada dentro do freezer dos nossos defeitos. Tiremo-la de lá e coloquemo-la diante da luz e do calor de Deus, adotando a tática de Santo Agostinho:

> Ainda corro, ainda avanço, ainda ando, ainda estou no caminho, ainda me esforço, ainda não cheguei.

Deste modo, se andas, se te esforças, se tens o pensamento no que está por vir, lança no esquecimento o passado, não voltes o olhar para aquilo, para que não fiques no mesmo ponto onde te detiveste para olhar[7].

A *humildade de retificar*

Mais uma vez voltemos à sabedoria de Santa Teresa: «Para acertar, aproveita muito haver errado, porque assim se ganha experiência»[8].

Com um otimismo idêntico, São Josemaria escrevia:

> Fracassaste? — Tu (estás bem convencido) não podes fracassar.
> Não fracassaste; adquiriste experiência. — Para a frente[9].

---

(7) Santo Agostinho, *Sermão*, n. 169, 18.
(8) Santa Teresa de Ávila, *Carta* n. 307, à Madre Maria de São José (Sevilha).
(9) Josemaria Escrivá, *Caminho*, n. 405.

Naturalmente, está se dirigindo a cristãos que contam com Deus e sabem que, junto dele, sempre é possível retificar os erros com humildade e recomeçar de novo com mais brio.

Deixemos que o mesmo santo nos fale dessa dimensão esperançosa da prudência, especialmente da prudência do cristão:

> Não é prudente quem nunca se engana, mas quem sabe retificar os seus erros.
>
> [...]
>
> Que importância tem tropeçar, se na dor da queda encontramos a energia que nos reergue e nos impele a prosseguir com alento renovado? Não nos esqueçamos que santo não é o que não cai, mas o que se levanta sempre, com humildade e com santa teimosia.
>
> [...]
>
> Nas batalhas da alma, a estratégia é muitas vezes questão de tempo, de

aplicar o remédio conveniente, com paciência, com teimosia. Aumentai os atos de esperança. Quero lembrar-vos que sofrereis derrotas, ou passareis por altos e baixos — Deus permita que sejam imperceptíveis —, porque ninguém está livre desses percalços. Mas o Senhor, que é onipotente e misericordioso, concedeu-nos os meios idôneos para vencer[10].

Na nossa dedicação ao cumprimento das decisões permanentes todos encontraremos o obstáculo das nossas fraquezas, que nos impelem:

• a deixar de esforçar-nos por causa do cansaço;
• a cair no poço do pessimismo e o desalento, com complexo de vencidos;
• a ceder à tentação de desistir, trocando os melhores ideais pelo caminho fácil

---

(10) Cf. Josemaria Escrivá, *Amigos de Deus*, n. 88, 131 e 219.

dos desvios morais (infidelidade, fuga do sacrifício, troca do dever pelo prazer, «jeitos» de ética duvidosa para poupar dores de cabeça etc.).

Nada disso é bom, mas nada disso é um muro insuperável. Chesterton comentava que não existem «becos sem saída». Sempre há uma saída: voltar para trás, desandar o caminho andado, ou seja, arrepender-nos, se a falha foi nossa, e corrigir — com o perdão e a ajuda de Deus — os rumos do coração e da conduta; ou então aproveitar a experiência de um fracasso sofrido sem culpa nossa e iniciar de novo — com «santa teimosia» — o itinerário da prudência: refletir, aconselhar-se, avaliar, até achar, com confiança em Deus e boa vontade, um novo caminho para recomeçar.

IX
A MAIS ALTA PRUDÊNCIA

Prudências antagônicas

São Paulo fala de duas prudências contrapostas, inimiga uma da outra. A *prudência da carne* e a *prudência do espírito*.

A prudência da carne é morte — diz aos romanos —, *ao passo que a prudência do espírito é vida e paz*[1] (Rm 8, 6). Na carta aos gálatas escreve no mesmo sentido: *Os desejos da carne se opõem aos*

---

(1) A expressão grega utilizada por São Paulo é *phronema*, que as antigas versões latinas traduzem por *prudentia*. Traduções atuais utilizam outros termos, que na realidade se complementam: «sabedoria», «aspirações», «desejo», «interesse» etc. O ensinamento permanece o mesmo.

do Espírito, e estes aos da carne, pois são contrários uns aos outros (Gl 5, 17).

O que você acha que significam essas duas palavras: «carne» e «espírito»? Dentro da cultura e da linguagem atuais, diríamos que a carne é o «corpo» e o espírito, a «alma». Mas não é nada disso.

Na linguagem de São Paulo — que é a linguagem da Bíblia e da fé cristã —, «carne» significa o ser humano inteiro (corpo e alma)[2] quando está privado da graça de Deus e vive atrás dos seus *desejos egoístas*; por outro lado, «espírito» refere-se ao filho de Deus — ao cristão — que tem o Espírito Santo presente e atuante em sua alma, e que, movido pela graça divina, avança pelo caminho do *amor* (cf. Rm 8, 14; 1 Cor 6, 19; Ef 5, 2).

Isso fica muito claro quando lemos o elenco dos «frutos da carne» (cf. Gl 5, 19-21)

---

(2) O Antigo Testamento usa com frequência a palavra «carne» para designar simplesmente o ser humano.

que são Paulo enumera; ao lado de *fornicação, impureza, embriaguez, orgias*... menciona também *inimizades, ciúmes, iras, intrigas, rixas, discórdias, invejas*..., vícios que nós não chamaríamos de «carnais».

E, entre os «frutos do espírito» cita: *caridade, alegria, paz, paciência, amabilidade, bondade, lealdade, mansidão, domínio próprio*... (cf. Gl 5, 18-22).

Santo Agostinho esclarece o termo «carne» no seu comentário à Carta aos Gálatas:

> Diz-se que alguém vive segundo a carne quando vive para si mesmo. Por isso, neste caso, por carne entende-se todo homem. Já que tudo o que provém de um amor desordenado a si mesmo chama-se obra da carne[3].

Você não acha que o antagonismo carne-espírito se poderia traduzir por antagonismo egoísmo-amor? «A História é no seu

---

(3) Santo Agostinho, *A cidade de Deus*, XIV, 2.

todo» — dizia o Cardeal Ratzinger — «a luta entre o amor e a incapacidade de amar, entre o amor e a recusa do amor»[4].

Deveríamos escrever Amor com maiúscula, uma vez que, na alma cristã, a capacidade de amar é infundida pelo Amor divino em pessoa, o Espírito Santo.

Dois caminhos da prudência

Desde o início do cristianismo, inspirando-se no Deuteronômio, a catequese falava dos *dois caminhos*: o da vida e o da morte, o da salvação e o da perdição (cf. Dt 30, 19-20).

O mais antigo texto catequético do cristianismo, a *Didaqué*, compilado ainda no século I, inicia-se com estas palavras:

> Há dois caminhos: um da vida e outro da morte. A diferença entre ambos é grande. O caminho da vida é o

---

(4) Joseph Ratzinger, *O sal da terra*, Imago, Rio de Janeiro, 1997, pp. 222-223.

seguinte: primeiro amarás a Deus que te fez; depois, a teu próximo como a ti mesmo[5].

Moisés, no Deuteronômio diz: *Escolhe, pois, a vida* (Dt 30, 19). Jesus também nos incita a uma escolha livre e responsável: *Se queres entrar na vida... Se queres ser perfeito... Se alguém me quer seguir...* (cf. Mt 19, 17.21; Mc 8, 34).

Aí está o grande desafio da prudência.

Para quem dedica a si mesmo um amor desordenado, egoísta, a prudência se transforma em astúcia ou manha, como víamos acima, e decide correr atrás dos «frutos da carne»: o culto ao prazer, à ambição, ao comodismo, à idolatria do dinheiro, à vaidade que gera ciúmes e discórdias etc.

Para quem é guiado pela «prudência do espírito», o panorama muda completamente. A sua decisão é seguir o caminho

---

(5) *Didaqué ou Doutrina dos Apóstolos*, Vozes, Petrópolis, 1971.

do amor a Deus e ao próximo, sem medo de aceitar tudo o que esse amor traz consigo de abnegação, sacrifício, doação, cruz... Tudo vale a pena enfrentar e sofrer com alegre generosidade, para que não nos percamos — como dizia alguém — «na solidão sem amor e no vazio de uma vida inútil».

Prudência do espírito e dom de conselho

São Paulo nos dá luzes sobre o que é, na prática, a prudência do espírito:

> *Mas tudo isso, que para mim eram vantagens, considerei perda por Cristo. Na verdade, julgo como perda todas as coisas, em comparação com esse bem supremo: o conhecimento de Jesus Cristo, meu Senhor. Por ele tudo desprezei e tenho em conta de esterco, a fim de ganhar a Cristo e estar com ele* (Fl 3, 7-9).

De muito boa vontade darei o que é meu, e me darei a mim mesmo pelas vossas almas (2 Cor 12, 15).

Vigiai, pois, com cuidado sobre a vossa conduta: que ela não seja conduta de insensatos, mas de sábios [...]. Não sejais imprudentes, mas procurai compreender qual seja a vontade de Deus (Ef 5, 15-17).

É prudente quem pensa, julga e decide sob a luz de Deus. Com os olhos da fé e do amor postos em Deus, muitas coisas que o mundo julga positivas e sensatas aparecem-nos claramente como insensatas. *A loucura de Deus é mais sábia do que os homens* (1 Cor 1, 25).

Assim, por exemplo, a prudência do espírito vai nos dizer:

• É melhor escolher um trabalho honesto e pouco lucrativo do que outro mais lucrativo, mas moralmente inaceitável ou dúbio;

• Não matricule o filho ou a filha numa escola tecnicamente boa, mas que transmite erros sobre a fé e a moral. Matricule-os em outra, talvez menos conhecida, mas que não lhes prejudique a fé e a moral;

• Não escolha ter só um ou dois filhos por comodismo. Se a saúde o permitir, escolha ter mais alguns — os que veja que Deus lhe pede — e aceite com alegria os sacrifícios e a dedicação que vão exigir.

Quantas vezes erramos os caminhos da vida por falta de prudência sobrenatural. Preferimos um prazer egoísta aos apelos de Deus. Preferimos dormir a ir ao encontro marcado com Cristo na missa dominical. Preferimos os vícios às virtudes. O próprio demônio se arranja para nos sugerir que colocar Deus em primeiro lugar é exagero, e assim vai nos amarrando aos vícios e ceifando os brotos de virtudes.

A pior imprudência do mundo é arriscar-nos a perder a verdadeira vida, a vida eterna, em troca dos bens efêmeros, de flores que murcham antes do próximo amanhecer. *Que servirá a um homem* — diz Jesus — *ganhar o mundo inteiro, se vem a prejudicar a sua vida?* (Mt 16, 26).

Pensem nisso os pais que combatem a possível vocação de entrega a Deus de um filho ou uma filha por motivos de egoísmo pessoal, por visão materialista ou por miopia na fé. Se, levados por essa cegueira, conseguirem afastar o filho ou a filha do caminho a que Deus os chama, cometerão talvez a maior e mais lamentável imprudência que um pai ou uma mãe possam cometer.

É muito lúcido o que comenta Pieper a este propósito:

> Através do amor recebido [infundido na nossa alma pelo Espírito Santo], o homem atinge uma tal unidade com Deus que recebe, por assim dizer, a capacidade de olhar as coisas

do ponto de vista de Deus, de as «relativizar» e as «minimizar» como Deus, sem com isso as negar ou contestar a sua importância[6].

Lembrávamos que o livro dos Provérbios chama à prudência *sabedoria do coração* (Pr 16, 21), sendo que «coração», na Bíblia, significa a alma, o mais íntimo da alma. Comentando essa expressão bíblica, São Josemaria escrevia:

> Verdadeira prudência é a que permanece atenta às insinuações de Deus e, nessa vigilante escuta, recebe na alma promessas e realidades de salvação. [...]
>
> O motivo fundamental é o cumprimento da Vontade de Deus, que nos quer simples, mas não pueris; amigos da verdade [...]. *O coração prudente*

---

(6) Josef Pieper, *As virtudes fundamentais*, p. 53.

possuirá a ciência (Pr 18, 15). E essa ciência é a do amor de Deus, o saber definitivo, aquele que nos pode salvar, oferecendo a todas as criaturas frutos de paz e de compreensão e, a cada alma, a vida eterna[7].

Por isso, Josef Pieper podia escrever: «A mais elevada e mais fecunda realização da vida cristã consiste na colaboração da prudência e do amor»[8].

Além de nos conceder a graça necessária, o Espírito Santo nos ajuda a viver essa prudência sobrenatural mediante o *dom de conselho*. É como um vento suave e poderoso, que impele a nave da vida por rumos de claridade, dando-nos luzes divinas sobre o significado e o valor das coisas do mundo, sobre os problemas, os acontecimentos e as pessoas, e sobre

---

(7) Josemaria Escrivá, *Amigos de Deus*, n. 87-88.

(8) Josef Pieper, *As virtudes fundamentais*, p. 51.

nós mesmos. Ajuda-nos a viver dentro da verdade de Deus[9].

Como dizia São Tomás:

> A prudência, que implica retidão da razão, é grandemente aperfeiçoada e auxiliada na medida em que é regulada e movida pelo Espírito Santo. E isso é próprio do dom de conselho[10].

Esta é, afinal, a «mais alta prudência»: caminhar pela senda do amor, sob a luz da fé e seguindo os passos de Cristo, para viver o ideal que São Paulo propõe a todos os cristãos como «máxima prudência»:

> *Sede imitadores de Deus como filhos muito amados, e caminhai no*

---

(9) Cf. sobre esse tema o nosso *Dons do Espírito Santo*, Cultor de Livros, São Paulo, 2017, pp. 39-48.

(10) São Tomás de Aquino, *Suma Teológica*, II-II, q. 52, a. 2, c.

amor, como Cristo nos amou e se entregou a Deus por nós como oferenda e sacrifício de suave odor (Ef 5, 1-2).

Direção geral
Renata Ferlin Sugai

Direção editorial
Hugo Langone

Produção editorial
Juliana Amato
Gabriela Haeitmann
Ronaldo Vasconcelos
Daniel Araújo

Capa
Provazi Design

Diagramação
Sérgio Ramalho

ESTE LIVRO ACABOU DE SE
IMPRIMIR A 11 DE JUNHO DE 2025,
EM PAPEL OFFSET 75 g/m2.